Tipps und Tricks mit dem Pferd

AF236783

Praktische Übungen mit den Equiden

von Cheyenne Breave

Tipps und Tricks mit den Equiden

Cheyenne Breave

Impressum

Bibliografische Information der Deutschen Nationalbibliothek:
Die Deutsche Nationalbibliothek verzeichnet diese Publikation in der
Deutschen Nationalbibliografie; detaillierte bibliografische Daten sind im
Internet über http://dnb.dnb.de abrufbar.

© 2020 Cheyenne Breave

Lektorat: Cheyenne Breave
Korrektorat: Cheyenne Breave

Bilder: Steffen Hüttner & Mike Henzi
Kontakt: cheyenne.breave@gmail.com

Herstellung und Verlag: BoD – Books on Demand, Norderstedt

ISBN: 9783752605914

Inhaltsverzeichnis

1

EINLEITUNG

Die kleine Lektüre gilt als Unterstützung und lässt sich gut durchlesen. Für Fehler im Text entschuldige ich mich bereits im Voraus! Mir ist es wichtig, meine Erfahrungen mit vielen Menschen zu teilen. Denn oft werden diese Tipps und Tricks leider nur intern in der Familie weitergegeben, oder vergessen gegangen.

Vielleicht werde ich zu einem späteren Zeitpunkt, weitere Tipps und Tricks veröffentlichen. Falls das jemand liest und Interesse hat mit mir zusammen zu arbeiten, dann kann man mich gerne anschreiben.

Die Lektüre ist inhaltlich unterteilt. Punkt 2 bis 6, dient zur Information, wenn man neben dem Pferd, oder am Pferd arbeitet.

Punkt 7 bis 11 dient als Information um es auf dem Pferd umzusetzen.

Die Informationen in dieser Lektüre habe ich alle selbst erfahren und umgesetzt. Diese Tipps und Tricks sind nicht an den Haaren herbei gezogen 😊

Auf der letzten Seite biete ich dir an, mit mir Kontakt aufzunehmen, falls Fragen entstehen, oder irgendwas unklar ist. Diese Hilfe biete ich gerne an.

Jetzt wünsche ich viel Spaß beim Lesen und später bei der Umsetzung.

In Liebe Cheyenne

2

Gurtenzwang

Gurtenzwang entsteht, wenn man das Pferd beim Gurten zu fest einengt, sprich zu hastig den Gurt anzieht. Sorgfältiges Satteln lohnt sich also, ob beim ersten Mal oder auch danach. Richtiges Satteln, erfordert auch kein negatives Verhaltensmuster beim Pferd.

Wenn es zu spät ist

Das Pferd beißt beim Gurten, dies ist sehr unangenehm. Für uns Menschen, die einen Biss abkriegen könnten, aber auch für das Tier. Durch die schlechte Erfahrung mit dem Gurt, lässt das Pferd / Pony aus Angst beißen. Wir dürfen dies langsam korrigieren und das Tier aus der Angst (dem Muster) befreien.

Trick:

Mit der linken Hand den Gurt langsam enger schnallen, aber nicht drei Löcher, sondern eins um das andere. Mit der rechten Hand ganz leicht, neben dem Gurt tätscheln. Dies gleichzeitig ausführen. Nicht schlagen! So als würde man das Tier loben. Durch diese Ablenkung vergisst das Pferd zu beißen. Mit der Zeit beißt das Pferd/Pony nicht mehr :)

Diese Übung kann allein durchgeführt werden. Wenn das Pferd / Pony allerdings sehr schlechte Erfahrungen gemacht hat, dann sollte es jemand vorne mit Handschuhen leicht halten.

Die Übung wird funktionieren. Aus eigener Erfahrung braucht es einfach nur Geduld und Zeit! Mehrmaliges wiederholen bestätigt den Erfolg.

3

Das Pferd hat Mauke

Die Mauke ist beim Pferd eine bakterielle Entzündung und befindet sich bei der Fesselbeuge. Wenn man Mauke bemerkt, sollte man es nicht abwaschen. Denn meistens entsteht Mauke durch Zuviel Feuchtigkeit.

Tipp:

Anstelle mit der Salbe zu behandeln, kann man auch einen Sauerkraut Verband anlegen. Hilft die feuchte Entzündung einzudämmen und ist sehr natürlich.

Der Aufwand, den man hat, ist größer als mit der Salbe. Weil man einen Verband anlegen muss, damit das Sauerkraut auch hält.

Bei meinen und Pension Pferden hat es gewirkt. Ich fand das sehr spannend und deshalb gebe ich hier gerne das Wissen weiter.

Durch dieses kleine Beispiel lernt man, wieder vermehrt von der Natur Gebrauch zu machen. Anstatt gleich wieder zur „Chemie-Keule" zu greifen.

Zubehör
- Watte
- Sauerkraut
- Bandage

4

Das Pferd hat eine Entzündung

Ursache

Eine Entzündung kann durch verschiedene Hautverletzungen entstehen. Meistens reicht schon eine kleine Wunde am Bein. Falls das Bein dann sehr aufgeschwollen und warm ist, dann nennt man das; Rotlauf oder Einschuss.

Behandlung

Der aller erste Schritt, den man macht ist, den Tierarzt herbeiziehen. Bei meinem Pony musste ich kürzlich auch den Tierarzt holen. Es war eine Zecke am innen Bein, die ich nicht gesehen hatte. Da ich mein Pony nicht Schere, habe ich leider nur das Dicke Bein festgestellt. Durch den Zeckenbiss entstand eine Entzündung.

Die Diagnose von meiner Tierärztin war nicht sonderlich optimistisch, als Sie das Bein von meinem Pony sah. Sie meinte, es würde optisch eventuell immer dicker bleiben, als das andere Bein und ich müsste damit rechnen, dass Sie nicht mehr so schön läuft. Sozusagen ein bleibender Schaden bestehen könnte.
Die Tierärztin hat dann ein Medikament dagelassen.

Ich fragte die Tierärztin, ob ich zur Unterstützung Mutterkraut geben darf, oder ob das mit dem Medikament eventuell nicht förderlich sei. Sie meinte es ginge.
Daraufhin gab ich meinem 35-jährigen Pony Mutterkraut mit Banane ☺

Heute läuft mein Pony wieder einwandfrei, so als wäre nichts gewesen. Ich bin glücklich darüber, dass ich mein Pony so Unterstützen konnte.

Mutterkraut, wenn es blüht:

Bildquelle: https://pixabay.com/de/photos/search/mutterkraut

5

Verwendung der Heilpflanze

Mutterkraut ist eine unterstützende Heilpflanze und hat viele Heilwirkungen.

Mutterkraut ist:
Beruhigend, anregend, krampflösend, entzündungshemmend, durchblutungsfördernd, Gefäß erweiternd.

Unterstützend bei:
Kopfschmerzen, Husten, Blähungen, Asthma, Erkältungen, Fieber, Magenentzündung, Verstopfung, Rheuma, Gicht, Gelenkentzündungen, Migräne, bei Ohrensausen, Depressionen, **Geburts fördernd***, Menstruationsproblemen, Eisprung fördernd, bei Leukämie, Eitrige Wunden im Allgemeinen.

* Wichtig zu wissen ist!
wenn das Pferd trächtig ist, bitte kein Mutterkraut verwenden! Denn es löst einen Abort aus. Im Übrigen nicht nur bei Pferden, sondern auch bei sonstigen trächtigen Tieren und schwangeren Frauen.

Es gibt sicherlich ausnahmen zum Beispiel, wenn eine Geburt ansteht und dies würde ich dann mit dem zuständigen Tierarzt anschauen und besprechen.

Für mich persönlich ist das Heilkraut eine Bereicherung und es gehört einfach in meine Apotheke 😊

Tipp

Für die Pferde nehme ich ein bis zwei Blätter mit Stil. Dann schneide ich es ganz klein und mache kleine Portionen mit einer Banane.

Am Anfang fängt man mit kleinen Portionen an. Damit man die Reaktion vom Tier beobachten kann. Das Heilkraut hat eine starke Wirkung!

Falls das Tier allergisch darauf reagiert, dann bitte <u>nicht</u> verabreichen. Bis jetzt hatte ich noch nie so einen Fall. Muss aber auch gestehen, dass ich bei der Verarbeitung des Mutterkrautes auch nie solche Gedanken oder Gefühle hatte! Denn es ist wichtig, dass man seine Gedanken/ Gefühle unter Kontrolle hat und positiv gestimmt ist.

Dauer und Menge der Verabreichung

Je nach Bedarf, kann man es zweimal täglich verfüttern und maximal sechs Wochen lang verabreichen. Danach sollte man eine Pause einlegen, oder ein anderes Heilkraut verwenden, das eine ähnliche Wirkung hat. Wenn das Pferd zum Beispiel husten hat, dann kann man 4-6 Wochen lang Mutterkraut geben und danach 4-6 Wochen lang Königskerze.

Ich persönlich gebe das Kraut nur so lange, wie es nötig ist.

Wichtig zu Wissen

Im Allgemeinen gilt: „Die Menge macht das Gift". Denn auch gute Stoffe, können je nach Menge den Körper belasten. So kann auch Wasser ab einer bestimmten Menge unserem Körper Schaden und schließlich daran sterben.

Hier ein Beispiel, wie ich es vorbereite:

1. Zwei Blätter Ernten

2. ganz klein Schneiden

3. bereit zum Füttern :)

6

Das Pferd hat Mühe mit den Ausbindern

Die meisten werden jetzt keine Freude haben, aber Ausbinder sind nicht natürlich für das Pferd! Der Rücken wird durch die seitlichen Ausbinder nicht gewölbt. Auch wenn es in den heutigen Ställen zu 80% verwendet wird.

Eine Alternative zu Ausbindern, kann die Pessoa Longier Hilfe sein, oder ein Dreieckszügel (Thematisiert ab Nr. 7)

Das Pessoa:

Auf der nächsten Seite beim 1.Bild (gelber Punkt) habe ich das Pessoa verkürzt. Wenn man das Pferd an das Pessoa gewöhnen möchte, dann sollte man es nicht zu fest einengen. Es reicht am Anfang, die Karabiner an der Trense zu befestigen (2.Bild). Da es möglicherweise Bocksprünge nehmen kann, wegen dem hinteren Schaumstoff, dass an die Beine kommt. Wenn das Pferd gut läuft, dann kann man immer noch die Karabiner durch die Trense nehmen und beim oberen Gurt befestigen, siehe rote Linie, beim 1.Bild.
Bitte bei diesem Schritt nicht vergessen, beim gelben Punkt wieder zu vergrößern. Ansonsten wird das Pferd zu fest eingeengt, sprich eingerollt!

Das Bild dient als Beispiel:

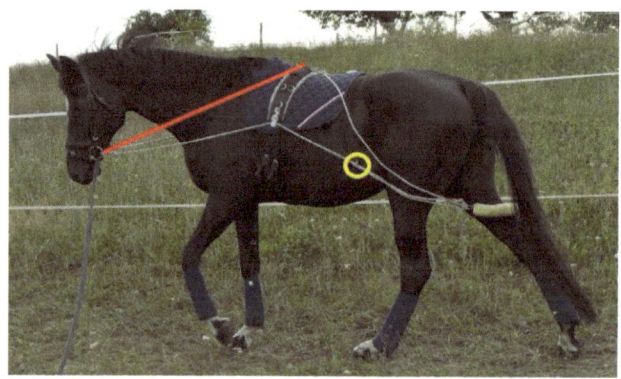

Bei meinem Pferd hat es ganz gut gewirkt. Sie mochte die Ausbinder nicht und bekam Panik. Trotz der vier Lehrjahre mit Ausbindern in meinem Beruf Pferdefachfrau, habe ich schnell gemerkt, das Zwang nicht der richtige Weg ist! Leider wird das in dieser Branche, von Lehrpersonen nicht gefördert.

2.Bild

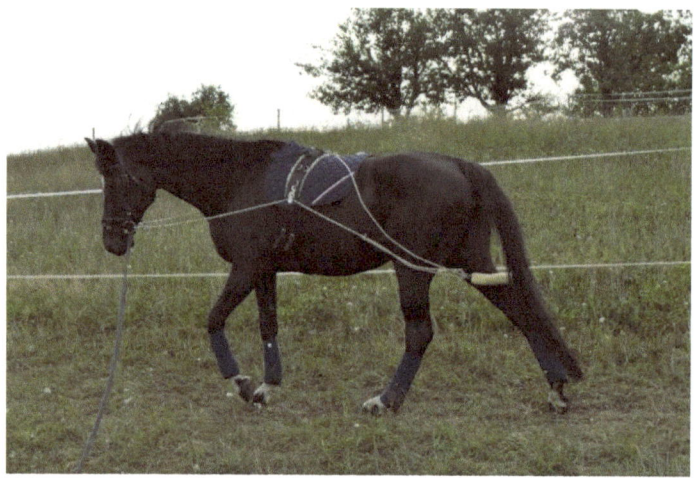

7

Das Pferd läuft nicht über den Rücken

Wie schon erwähnt nur das Pferd ein schnallen und Longieren bringt nichts. Leider ist diese Technik noch weit verbreitet. Ich kannte viele Lehrpersonen, die das so handhaben und weiterempfehlen.

Nachteile:

1. Es entsteht eine Verspannung.
2. Mit der Zeit kann eine Entzündung in den Gelenken entstehen, durch die engen Kurven.
3. Es baut falsche Kondition auf

Tipp:

Es gibt eine simple Möglichkeit wie du dein Pferd geschmeidig und durchlässig reiten kannst. Wenn du im Schritt das Pferd reitest. Dann lass die Zügel langsam aus der Hand gleiten, bis du nur noch das Ende in der Hand hast.

Das Pferd kann sich nun vorwärts-abwärts dehnen.

Nachdem nimmst du langsam wieder die Zügel auf, bis eine stetige, weiche Verbindung entsteht. Diesen Vorgang wiederholst du in der Aufwärmphase im Schritt, Trab und Galopp.

Das Pferd sollte dabei nicht schneller werden, sondern immer gleich bleiben im Tempo, wenn möglich.

Es ist jedoch nicht schlimm, wenn es am Anfang noch nicht funktioniert.

Mit der Zeit merkt das Pferd, wenn die Zügel lang sind und wird sich dann auch dementsprechend nach unten dehnen.

Zusätzlicher Trick

Wenn du Mühe hast, dann kannst du Hilfe von einem Dreieckszügel nehmen.

Da der Dreieckszügel im Trensenring nicht fest ist, kann das Pferd ideal sich nach unten in die Tiefe strecken und Dehnen. Zusätzlich wird das Pferd kein „Enge Gefühl" bekommen.

Wieso erwähne ich das?!

Für die einen klingt das hier ganz logisch, die anderen möchten lieber an der Trense riegeln. Für diejenigen die es nicht nachvollziehen können.

So zum Vergleich, wenn wir Menschen am Morgen aufstehen, dann möchten wir uns auch strecken und dehnen, bevor wir körperlich aktiv werden. Das geschieht übrigens auch unbewusst. Weil es selbstverständlich ist, uns nach dem schlafen zu strecken. Vielleicht ist das nicht ein idealer Vergleich.
Ich persönlich finde, unsere Vierbeiner haben es auch verdient und dies nicht nur im Schritt sich körperlich aufzuwärmen und sich zu dehnen.

8

Das Pferd wird bei langen Zügeln immer schneller

Tipp

Wenn du Leichtreitest und das Pferd immer schneller wird. Dann kannst du „dagegen Sitzen". D.h. du gehst nicht im Tempo vom Pferd, sondern Mittelpositur (Gesäß / Hüfte) leicht anspannen (nicht verspannen). Es ist sozusagen ein verzögertes absitzen. Wenn es funktioniert, dann wieder locker Leichtreiten, sonst geht das Pferd in den Schritt.

Trick

Falls es nicht funktioniert, dann fang bitte im Schritt damit an und reite gegen die Hallenwand, kombiniert mit der Reithilfe. Im Schritt kann man die Atemübung (Thematisiert ab Nr. 9) dazu nehmen. Wenn es im Schritt funktioniert, dann geht es zum Trab. Bitte nicht im Galopp gegen die Hallenwand reiten, wenn es im Trab funktioniert, dann braucht es nur die richtigen Hilfen im Galopp. Die Gefahr ist zu groß, dass das Pferd vor der Wand nach Links oder Rechts ausweicht und du in der Wand landest.

9

Atmung

Vielleicht hast du den Tipp ja auch schon mal gehört, wenn ja, ich erwähne es Trotzdem 😊

Wenn man Antraben möchte, kann man mit der richtigen Atmung die Übergänge beeinflussen.

So zum Beispiel kann man, bevor man in den Schritt geht, die Atmung anhalten. Bitte nicht zu lange, nicht dass du vom Pferd fällst 😊! Durch das Anhalten der Luft spannt man sich kurzzeitig an und zusätzlich sollte man sich „groß" machen, sich auf dem Pferd strecken hilft. Daher fällt das Pferd vom Galopp in den Trab oder in den Schritt. Umgekehrt das gleiche Spiel. Was auch noch helfen kann ist, wenn du ein Bild visualisierst, was du als Nächstes machen möchtest. Man sagt, durch die Gedanken, werden die Muskeln bereits aktiviert.

Ich hoffe ich konnte es einigermaßen gut erklären.

Mein Pferd hat die Reiterhilfen sehr gut erkannt und es macht einfach immer wieder Spaß. Für mich ist das wie Magie. Ich weiß nicht, ob es an den ganzen Reiterhilfen liegt, oder ob das Pferd doch meine Gedanken und Gefühle Telepathisch wahrnimmt. Diese Übungen habe ich an mehreren Pferden ausprobiert, dies ist wichtig zu wissen, da nicht nur mein Pferd eventuell die Gedanken wahrnehmen kann 😊

Wenn du bei der letzten Zeile lächeln musstest, dann war das mit Absicht, denn ich möchte, dass meine Tipps und Tricks mit Leichtigkeit und Freude gelesen werden.

Vielleicht hier noch an dieser Stelle, wäre es wichtig zu wissen, wieso ich das mit der Atmung erwähne, ganz einfach, es ist schön, wenn man dem Pferd Reiterhilfen geben kann und man von „außen" nichts sieht. Es ist dann einfach harmonischer und natürlich.

10

Das Pferd an die Hand reiten

Viele Reiter haben Freude an der Hand zu riegeln. Links, rechts ziehen und kneten. Dabei werden die Beine oft vergessen. Die Energie vom Reiter geht verloren und das Pferd lernt mit dem Kopf nein zu sagen.

Für ein paar Reiter ist das ein Erfolg. Denn Sie haben den Kopf mit Anstrengung nach unten gebracht. Ich weiß es gibt schwierige Pferde, leider braucht eine Korrektur immer doppelt so lang.

Es gibt zwei spannende Sätze zum oben genannten Beispiel.

Erster Satz: Was man an der Hand macht, muss man doppelt am Bein bringen!

Zweiter Satz: Bei einem guten Reiter sieht man von außen betrachtet keine Hilfen!

Tipp:

Es gibt Schulpferde, die sind sehr steif, am besten du machst am Anfang langsame Dehnungen im Halsbereich. Bitte am Anfang das Pferd nicht zu fest überdehnen. Es braucht Zeit. Wenn du das Pferd im Stall gesattelt und gezäumt hast, kannst du bereits die Übungen in der Boxe durchführen.

Meine Erfahrung

An der Abschlussprüfung hatte ich ein Pferd namens Chesper, das sehr verspannt war. Ich hatte es bereits gesattelt und gezäumt. Die Übungen machte ich zuvor in der Boxe.

Ich nahm Leckerlis und probierte Chesper nach links und rechts Richtung Sattel im Halsbereich zu dehnen. Dies wiederholte ich mehrmals. Natürlich bekam Chesper auch die Leckerlis 😊

Ich hatte Freude so ein Pferd zu bekommen, denn ich konnte mich „beweisen".

Chesper und ich waren startklar, nun durfte ich mit ihm auf den Platz zum Hindernis Parcours. Es lief ganz gut. Bis ich nach einem Hindernis anhalten musste, als gehorsam. Da war der Kopf für einen Moment wieder oben, wie eine Giraffe. Ich korrigierte es und galoppierte aus dem Schritt wieder an und beendete den Parcours.

Ich dachte schon, jetzt habe ich es vermasselt. Bis ich die Schulnote erhalten habe, es war eine 4.5.

Es klingt jetzt sehr schlecht, aber ich war sehr stolz auf mich. Denn es gab mehrere Reiter an der Zwischenprüfung (6 Monate vorher), die hatten mit Chesper die Schulnote 2.0 und 3.0 erhalten.

Nun zu der Übung

Wenn du die Übungen im Stall bereits durchgeführt hast, dann geht es weiter im Schritt. Reite am besten einen großen Zirkel. Wenn das am Anfang zu schwierig ist, je nach Pferd, kannst du auch nacheinander kleine Volten machen. Es geht ja darum, das Pferd „geschmeidiger" zu machen.

Wenn du beim Reiten, die innere Hand vom Widerrist wegnimmst, dann zeige dem Pferd die Richtung, In diesem unteren Beispiel nach rechts. Wie bei einem jungen Pferd. Diese Übung kann auch im Trab durchgeführt werden, auf beiden Seiten. Deine Beine werden als Unterstützung gebraucht, um das Pferd einzurahmen. Der äußere Zügel hält die Verbindung, die Hände sind aber versetzt. Es kann sein, dass die äußere Hand weiter vorne ist, als die Innere Hand.

Das Bild dienst als Beispiel. Wenn du das Bild betrachtest, dann immer vom Reiter aus. Die rote Linie sollte die innere Position der Hand darstellen (Rechte Hand), nämlich ein wenig versetzt. Die äußere linke Hand hält die Verbindung, gibt aber so viel nach, wie die Dehnung es abverlangt.

Die Rote Linie ist kein Maßstab, es kann sein, dass du die Dehnungen mal mehr und mal weniger machst. So wie es gerade passt und das Pferd nicht überfordert.

Wichtig:

Diese Übung am Anfang nicht übertreiben. Das Pferd muss sich auf die neue Stellung / Dehnung auch körperlich einstellen. Du kannst die Dehnungen mal mehr mal weniger machen, sowie es gerade passt. Sei nicht enttäuscht, wenn es am ersten Tag noch nicht so gut geht. Mit jedem Mal wird es besser.

Bitte vergiss die Aufwärmphase nicht bei dem Thema Nr. 7

„Das Pferd läuft nicht über den Rücken"

Denn bevor das Pferd, beim Reiten im Halsbereich gedehnt wird, finde ich das die Aufwärmphase mit den Langen Zügeln die beste ist. Denn es hat eine vorwärts – abwärts Dehnung und der Gang des Pferdes wird nicht beeinträchtigt.

11

Das Pferd wird zu fest eingeengt

Hände über den Widerrist, mit der Mittelpositur und den Beinen das Pferd vorwärts Reiten. Klingt für den Anfang nicht schlecht. Dann hört man den Reitlehrer noch: „Richte dein Pferd gerade und reite es vorwärts!" Ob man dann den Absatz noch an der richtigen Stelle hat, sei dahingestellt und interessiert nicht alle Reitlehrer. Diese Erfahrung habe ich gemacht, sonst würde ich es hier nicht aufschreiben. Ich hörte meistens diesen Satz, alles andere durfte ich aus Büchern oder bei anderen Reitlehrern lernen.

Also kurz gesagt, nur mit den Händen die Zügel festhalten und mit beiden Beinen Druck ausüben, funktioniert vielleicht kurzfristig. Bis das Pferd vor lauter druck durchdreht und den Reiter aus dem Sattel wirft.

Der Handtrick

Wenn man sein Pferd an den Hilfen hat und es schön eingerahmt ist. Kann man folgendes feststellen. Die Energie, die sich zwischen Hand und Beinen aufbaut, kann man kontrollieren. D.h. wenn die rechte Seite außen ist und Links die Innenseite, dann hat die rechte Hand eine weiche stetige Verbindung, die nicht verändert wird. Diese Hand bleibt geschlossen. Die linke Hand (jetzt die Innenseite) sorgt für die Stellung im Halsbereich. Die linke Hand hat noch eine weitere Funktion. Beim Leichtreiten kann man dies gut umsetzen. Jedes Mal, wenn man aufsteht, hat man die Hand / Faust geschlossen. Beim Aufstehen gehen auch die Absätze nach unten. Beim Absitzen darf man den Ringfinger und den kleinen Finger leicht öffnen. Da wir beim Sitzen mit den Beinen wieder leichten automatischen Druck ausüben. So können wir die Energie steuern.

Wenn man allerdings die ganze Zeit nur Druck ausübt, kann es so weit gehen, bis das Pferd durchdreht. Das durfte ich auch schon mit ansehen. Es ist so als würde man beim Kochen, die Temperatur zu hochdrehen und der Topf läuft über.

Hier das untere Bild als Beispiel, ich habe es bewusst so deutlich fotografiert. Beim Reiten merkt man sehr schnell, wieviel man öffnen muss. Dieser Bewegungsablauf geht sehr schnell und die Hand ist nicht ständig geöffnet!

Achte dich doch mal darauf, wenn du das nächste Mal auf dem Pferd sitzt, ob du das bereits unbewusst machst. Denn bei mir war das am Anfang so. Ich habe diesen Schritt Intuitiv ausgeübt. Allerdings musste ich diesen Schritt auch bewusst lernen, damit ich es heute gezielt anwenden kann.

Tipp

Wenn du ab und zu die Innere Hand beim Reiten über den Halsbereich nach vorne bewegst und wieder zurück. So dass man das Pferd über den Halsbereich streichelt, beim zurück gehen der Hand. Dann wird sich das Pferd auch wohlfühlen und mit dieser Geste, kann man das Pferd gleichzeitig loben (graue Linie beim Halsbereich).

12

Das Pferd kann man nicht mehr reiten

Ich musste feststellen, dass viele Reiter das Gefühl haben, das man mit Longieren alles wieder hinbiegen kann.

Vielleicht denkst du jetzt; „aber ich muss mein Pferd doch bewegen"!

Nein du <u>musst</u> nicht. Hier ein kleiner Tipp, alles was man „muss", ist zwang, somit auch für das Pferd.

Ich erzähle dir meine Erfahrung

Meine Mutter bekam ein Pony geschenkt, namens Soley, mit der Bitte es nicht zu reiten. Soley war zu dieser Zeit ca. 6-jährig.

Der Grund war, dass Soley angeblich nicht mehr reitbar war und sie sich im Halswirbel verletzt hatte. Meine Mutter hat das Versprechen eingehalten. Sie verwendete Soley als Zuchtstute.

Nach ungefähr 2-3 Jahren Weide und Fohlen Aufzucht, dachte ich mir, jetzt versuche ich Soley „an zu reiten". Ich habe Soley langsam an Sattel und Zaum gewöhnt und im Round-Pen laufen lassen, als wäre Sie ein 3-jähriges Pony.

Am 3. Arbeitstag merkte ich, dass Soley das alles kannte und es für sie nicht ungewöhnlich, oder störend war. Ich saß auf Ihr und mit Hilfe von einem Round-Pen, ritt ich im Schritt und Trab.

Nach ein paar Minuten brach ich die Übung im Round-Pen ab und ging auf den großen Platz. Sie lief so gut und ich war einfach nur begeistert. Zu diesem Zeitpunkt war mir klar, wenn der richtige Reiter auf das Pony sitzt, dann war Soley bereit Ihr Potenzial zu zeigen!

Was ich aus dieser Erfahrung mit dir teilen möchte ist. Wenn du die Möglichkeit hast, dein Pferd für 2-3 Jahren auf eine Weide zu geben. Allenfalls zu züchten, dann kann sich das Pferd gut erholen. Ich halte nicht viel von den Methoden, das Pferd zu „brechen".

Mir ist auch klar, dass du jetzt denkst ich hätte vielleicht Glück gehabt mit Soley.

Ich denke mit Glück hat das wenig zu tun. Denn das Pony wurde einfach falsch geritten und behandelt.

Vor allem psychisch hatte Soley viel durchgemacht, mit dem richtigen Umgang konnte ich das wieder ins Gleichgewicht bringen.

Mit den zwei Jahren Weidegang, Aufzucht und Umgang konnte Soley sich gut erholen und den Konflikt von früher fast vergessen.

Was ich allerdings noch erwähnen möchte ist, dass ich Soley als 12j. Stute verkauft habe und die neue Besitzerin, Melanie ging an Turniere.

Soley und Melanie waren sehr erfolgreich. Dies erfüllte mich mit großer Freude. Es bestätigte meine Arbeit mit Soley und dass die Zeit auch alte „Wunden" heilen konnte 😊

13

Über die Autorin

Cheyenne Breave, Jahrgang 1985, geboren im Kanton Aargau in der Schweiz. Sie durfte sich schon sehr früh mit den Equiden auseinandersetzen. Bevor Cheyenne überhaupt laufen konnte, saß Sie bereits auf einem Shetty. Diese frühe Begegnung mit diesen Wunderschönen Geschöpfen prägte Ihren ruhigen Charakter.

Ihr Traum war es als Kind immer Reitlehrerin zu werden. Als Sie im Jahr 2005 den Bereiter EFZ absolvierte, heute als Pferdefachfrau EFZ bekannt. War der Kindheitstraum somit für Sie erfüllt, denn als Pferdefachfrau darf man bereits Unterricht erteilen. Somit war der „Reitlehrer" nur ein Titel, dass Sie nicht weiterverfolgen wollte.

Im Jahr 2007 verabschiedete Sie sich von diesem Beruf und wollte es nur noch als Hobby betreiben. Das gab Ihr die Möglichkeit die gesammelte Erfahrung Privat auszuüben, ohne Druck an den Equiden.

Nebst dem Hobby mit den Pferden, war Sie noch zusätzlich beschäftigt durch die Persönlichkeitsentwicklung und mit der Pflanzenheilkunde. In den vergangenen Jahren prägte es Ihren neuen Lebensstyl und Sie wurde feinfühliger für die Umgebung.

Das Jahr 2018 war sehr besonders, durch die Arbeit in der Logistik, rückte das Hobby in den Hintergrund. Es kam eine weitere Fähigkeit dazu und zwar der Mensch stand nun im Zentrum. Verstehe die letzte Zeile nicht falsch, Sie hatte schon immer ein offenes Ohr für die Menschen. Wobei Sie sich bis dahin nie mit der Massage und Drucktechnik auseinandersetzte.

Durch die positiven Reaktionen der Menschen in Ihrem Umfeld, machte Sie den ersten Schritt zum Kurs: Fußreflexzonen-Massage Basis. Die Fußmassage wird für Sie erst der Anfang sein. Denn im Nacken und Rückenbereich hat Sie auch bereits Erfahrungen gesammelt, allerdings noch nicht den passenden Kurs gefunden.

Für Anfragen mit den unten aufgeführten Themen, ist Cheyenne erreichbar unter; cheyenne.breave@gmail.com

Themen:

- Equiden
- Tinkturen
- Massage
- Energetische Arbeiten
- Persönlichkeitsentwicklung

14

Vielen herzlichen Dank

Ein herzliches danke schön geht an;

Mike Henzi, meinem Partner, der mich bei diesem Buch stets unterstützt und immer an mich glaubt 😊

Steffen Hüttner, für die großartigen Fotos und die Investierte Zeit!

Das BoD-Team, ich finde es super, dass man es heute einfacher hat ein Buch zu veröffentlichen. Vielen Dank für diese Chance.

Ein herzliches danke schön geht an die Person, die gerade die Zeilen liest und sich das Buch als wertvolle Unterstützung gönnt.
Dank dir, macht die kleine Lektüre einen Sinn. Denn für mich ist es wichtig, die Tipps und Tricks weiter zu geben. Sei es als Bereicherung für deinen Alltag mit den Pferden, oder deine sensitive Seite zu aktivieren. In jedem Fall freue ich mich, dir ein harmonischer Weg mit deinem Wertvollem Geschöpf an deiner Seite zu zeigen.

Ich wünsche dir auf deinem zukünftigen Weg nur das Beste und viel Erfolg.

In Liebe Cheyenne